MON GROS LIVRE DE

SUPER MACHINES

Atlanta Fire and Rescue

HARTSFIELD-JACKSON
ATLANTA
INTERNATIONAL AIRPORT

OSHKOSH

Striker

Catalogage avant publication de Bibliothèque et Archives Canada

Coppendale, Jean
Mon gros livre de super machines / Jean Coppendale et Ian Graham ;
texte français du Groupe Syntagme inc.

Comprend un index.
Traduction de: The great big book of mighty machines.

ISBN 978-1-4431-0645-0

1. Véhicules automobiles--Ouvrages pour la jeunesse. I. Graham, Ian,
1953- II. Groupe Syntagme III. Titre.

TL147.C6614 2011   j629.04'6   C2010-906433-X

Édition publiée par les Éditions Scholastic,
604, rue King Ouest, Toronto (Ontario) M5V 1E1.

5 4 3 2 1   Imprimé en Chine CP141   11 12 13 14 15

Texte : Jean Coppendale et Ian Graham
Conception graphique : Phil et Tracy Morash
Recherchiste de photos : Claudia Tate
Direction artistique : Zeta Davies

Références photographiques

Légende : h = haut, b = bas, g = gauche, d = droite, c = centre, PC = page
couverture, QC = quatrième de couverture.

Agripictures 77h

AGStockUSA Dave Reede 70 et 71, Mirek Weichsel 74 et 75, Dave Reede 78 et 79

Alamy Eric Nathan 18, Steve Hamblin 19, Gunter Marx 60 et 61, Peter Titmuss 61h,
Justin Kase 109h, South West Images Scotland 123h

ALSTOM Transport 56 et 57

Artemis Images Pikes Peak Hill Climb 140

BMW 28, 38

CLAAS KGaA ltd 69h, 80 et 81

Clive Featherby 139h

Corbis Leo Mason 11, Marvy! 14, Richard H Cohen 22, Tim de Waele 23, Anthony
West 26bc, George Tiedemann/GT Images 36, Mazen Mahdi/epa 37h, David Cooper/
Toronto Star/ZUMA 39h, Don Mason 40, Alex Hofford/epa 44, Brooks Kraft 45h,
Paul A Souders 53h, Construction Photography 127, Richard T Nowitz 147, Transtock
148, Ross Pictures 151, Regis Duvignau 135h, Rick Fowler 150

Dave Toussaint Photography 54 et 55, 64 et 65

Denis Baldwin 58 et 59

Ford Motor Company 102 et 103

Frankish Enterprises 144b

Fred Guenther 62 et 63

Freightliner LLC 130 et 131

Getty Images 42, AFP/Oliver Lang 146, Tim de Frisco 137h

The Glacier Express 51h

GM UK & Ireland 33h

Hochtief Aktiengesellchaft 126b

Holt Studios 79h

J S Kaczanowski – Tuscola, Illinois USA 129h

JCB 112, 117h

Jo Osciak 48 et 49

Komatsu 120 et 120

Louie Schoeman 52 et 53

New Holland 82 et 83

OEAMTC 101h

Oshkosh Truck Corporation 94 et 95, 100 et 101

Paul Lantz 11b

Paul Mayall Photography 114 et 115

Photolibrary Jtb Photo Communications Inc 50 et 51, 63, Index Stock Imagery 74b,
Photo Researchers Inc. 89h, Mauritius Die Bildagentur Gmbh 90 et 91, Index Stock
Imagery 96 et 97, Photo Researchers Inc 97h

Reuters Fabrizio Bensch 104b, Guido Benschop 104 et 105

Rex Features Justin Downing 142, 134, SIPA 136

Ridgeback 8

Royal Navy LA (Phot) Emma Somerfield 99h

SBB AG, Bern – Fotodienst/Alain D Boillat 49

Scania CV AB (publ) Dan Boman 115h

Shutterstock Cornel Archirei 9, Tom Richards 12, Keith Robinson 13, Maxim Petrichuk
15, Ravshan Mirzaitov 16, Lucian Coman 17, Maxim Petrichuk 20, Max Blain 21,
Timothy Large 24 et 25, Anthony Hall 26bd, Joseph Gareri 29h, Toyota (GB) PLC
30, Richard Foreman 31h, Julie Lucht 32, Anatoliy Meshkov 34, Maserati S.p.A. 35h,
Mikolaj Tomczak 41h, Losevsky Pavel 43, Keith Levit 88 et 89, Micah May 91h, Mark
William Penny 98 et 99, nialat 108, Zygalski Krzysztof 110, ownway 110b, Brad
Whitsitt 111h, Ljupco Smokovski 116, Mark Atkins 118, Florin C 119h, Kamil Sobócki
122, Mark Atkins 124, Stanislav Komogorov 125, Michael Stokes PC et 138, Maksim
Shmeljov 136, 141h, 143, Barry Salmons 145, Khafizov Ivan Harisovich 148

Steffen Schoner 128 et 129

Still Pictures BIOS Gunther Michel 92 et 93, Markus Dlouhy 93b, Jochen Tack 103h

Valtra 84 et 85

Volvo 113h

MON GROS LIVRE DE SUPER MACHINES

Jean Coppendale et Ian Graham

Texte français du Groupe Syntagme Inc.

Éditions SCHOLASTIC

Table des matières

Les camions monstres

Les vélos et les motos

Qu'est-ce qu'un **vélo**?

Le vélo est un moyen de transport très utile. Il a deux roues qui tournent lorsque le cycliste actionne les pédales avec ses pieds. Les motos, elles, ont un moteur et sont donc beaucoup plus rapides que les vélos.

Pour faire avancer le vélo, il faut pédaler, ce qui fait tourner la roue arrière. Pour freiner, il suffit de serrer les poignées de frein.

poignées de frein

pédales

Il existe différents types de motocyclettes. Les motos sport et les motos de course sont les plus rapides. Les motos tout-terrain sont conçues pour rouler sur des **sentiers**.

Le moteur des motos se trouve sous la selle, à l'intérieur d'un cadre rigide appelé le châssis. Une chaîne reliée au moteur actionne la roue arrière.

Les super motos

Une super moto est une moto sport légère munie d'un moteur ultra puissant, ce qui lui permet d'aller encore plus vite. Les super motos comptent parmi les **véhicules** à deux roues les plus rapides.

Les courses de motos sont un sport vraiment populaire. Ces courses peuvent avoir lieu sur la route, sur des pistes spéciales ou sur des sentiers hors route.

Lorsqu'ils abordent un virage à haute vitesse, les pilotes de super motos se penchent sur le côté et frôlent parfois le sol.

Le motocross

Les courses de motocross sont organisées sur des pistes de terre pleines d'**obstacles**, de bosses et de buttes. Les motos sont munies de **pneus** spéciaux qui adhèrent bien à la surface du sol.

Les pilotes doivent décider rapidement de leur stratégie pour terminer le parcours le plus vite possible. Ils doivent être en bonne forme physique, alors ils s'entraînent beaucoup.

Les pilotes de motocross font des bonds impressionnants dans les airs sur leur moto. Ils risquent donc de se blesser s'ils sont éjectés de la moto à grande vitesse.

Les motos utilisées pour le motocross doivent être munies d'une bonne **suspension** et de pneus souples qui amortissent les bosses et les chocs.

Les motos de route

Les motos de marque Harley-Davidson sont de grosses machines puissantes aux **chromes** brillants. Ce sont des motos lourdes, sur lesquelles on peut s'asseoir confortablement et se balader sur les routes.

Certains propriétaires **personnalisent** leur moto en ajoutant des accessoires en chrome et des guidons plus élevés. Ces motos sont parfois appelées « choppers », qui vient du verbe « to chop » qui veut dire couper, parce que leurs propriétaires enlèvent des pièces dont ils n'ont pas besoin.

Le **tuyau d'échappement** de la Harley-Davisdon est célèbre pour son vrombissement assourdissant et impressionnant!

tuyau d'échappement

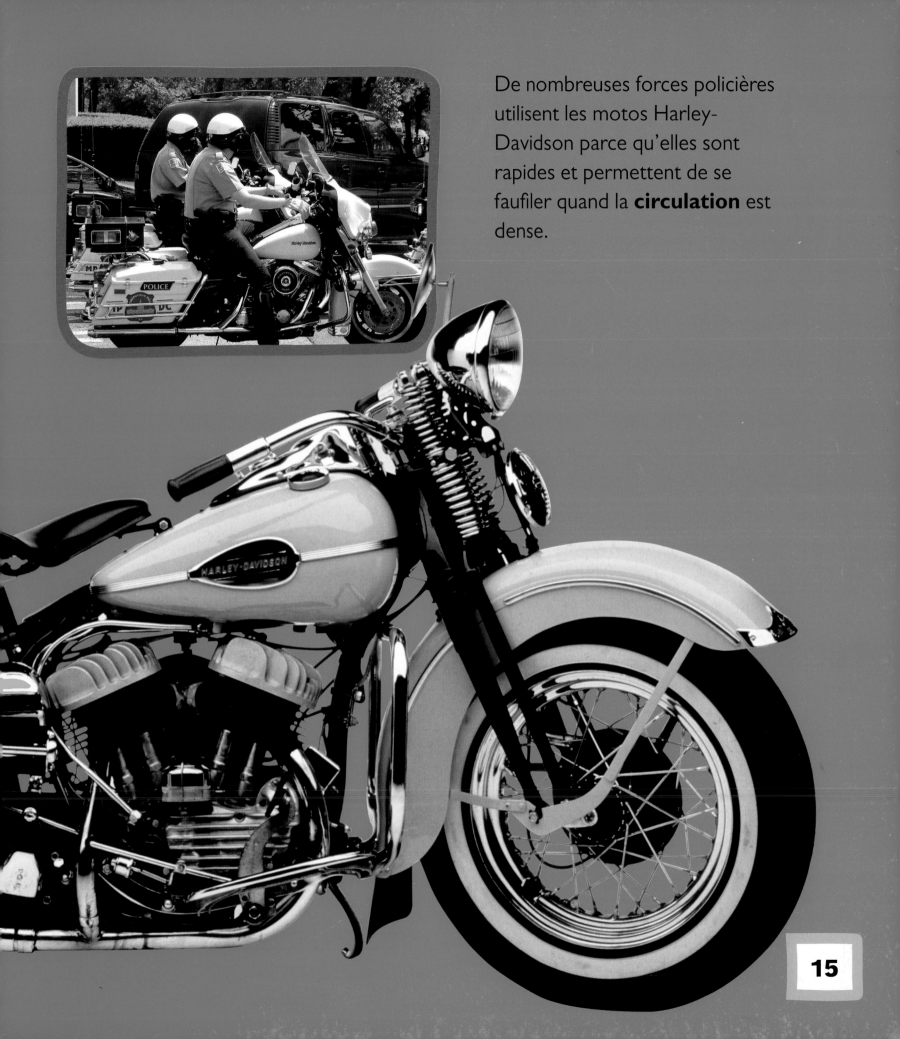

De nombreuses forces policières utilisent les motos Harley-Davidson parce qu'elles sont rapides et permettent de se faufiler quand la **circulation** est dense.

15

Les quatre-roues

Un quatre-roues est une sorte de motocyclette munie de quatre pneus larges. Ce véhicule peut se déplacer sur des terrains mous ou boueux sans s'enliser. De nombreux cultivateurs utilisent des quatre-roues pour se déplacer sur leurs terres.

Dans les compétitions de quatre-roues, les courses ont lieu sur toutes sortes de surfaces : neige, glace, plage ou déserts sablonneux.

Ce fermier utilise un quatre-roues pour rassembler un troupeau de moutons.

La plupart des quatre-roues sont des engins à quatre roues motrices, c'est-à-dire que le moteur est relié à chacune des roues. Cela améliore la traction et permet de se déplacer sur des terrains accidentés ou cahoteux.

Les scooters

Pour se déplacer dans les rues bondées, rien ne vaut un scooter. Les roues et le moteur d'un scooter sont plus petits que ceux des autres motocyclettes. Au lieu de s'asseoir à califourchon comme sur une moto, le conducteur place ses pieds sur le repose-pied qui se trouve entre les roues.

Un scooter-taxi transporte des passagers à vive allure dans les rues animées de Bangkok, en Thaïlande.

Le scooter n'est pas aussi rapide qu'une moto, mais il est très utile pour faire de courts déplacements en ville.

En Italie, le scooter est un moyen de transport extrêmement populaire.

Les **vélos** tout-terrain

Les vélos de montagne sont conçus pour être utilisés en dehors des routes, sur les terrains accidentés. Leur cadre doit être plus solide que celui d'un vélo ordinaire pour pouvoir résister aux secousses et aux chocs sans se tordre ou se déformer.

Ce vélo de montagne est muni d'une suspension et d'un cadre spéciaux pour la course en descente.

Avec un vélo de montagne, on peut emprunter les sentiers forestiers cahoteux où il n'est pas possible d'aller avec un vélo ordinaire.

Les vélos de montagne sont munis de pneus larges et crantés et ont plusieurs **vitesses**, ce qui permet de gravir plus facilement les collines escarpées.

Les **vélos** de course

Les vélos de course sont conçus pour la vitesse. Leurs pneus sont si minces qu'ils touchent à peine le sol.

Certains vélos de course sont faits spécialement pour les courses extérieures sur de longues distances. D'autres, appelés vélos de piste, sont utilisés pour les courses intérieures, dans des **vélodromes**.

Les vélos à main sont propulsés par les mains du cycliste et non par ses pieds. Ces vélos de course sont populaires auprès des cyclistes handicapés.

Les vélos de piste sont souvent munis de roues pleines qui fendent l'air plus efficacement que les roues normales **à rayons**.

Les BMX

Les BMX sont des vélos utilisés pour le motocross. Les compétiteurs enfourchent ces vélos à petites roues qui n'ont qu'une seule vitesse et foncent à toute allure sur des **circuits** pleins de creux et de bosses. Les BMX sont conçus pour les courses sur des pistes de terre inégales et pour les cascades improvisées.

Avec leur petit cadre, leurs larges roues et leurs guidons surélevés, les BMX permettent d'exécuter toutes sortes de figures, comme des cabrés et des sauts spectaculaires.

Lors des compétitions de BMX, tous doivent porter un casque et un équipement protecteur complet pour se protéger en cas de carambolages.

Activités

- Sur quelle image vois-tu la selle, le guidon et la chaîne d'un vélo?

- Dessine ta moto ou ton vélo de rêve. Quelle sorte de moto ou de vélo est-ce? Les roues sont-elles grandes ou petites? Quelle est sa couleur?

- Écris une histoire sur la balade en vélo ou à moto que tu rêverais de faire. Cette escapade pourrait te mener n'importe où dans le monde, ou même sur une autre planète! Où aimerais-tu aller? Qui aimerais-tu rencontrer? Que penserais-tu pouvoir découvrir? Combien de temps durerait ton expédition?

- Lequel de ces engins un coureur cycliste conduirait-il?

Les voitures

Qu'est-ce qu'une voiture?

Une voiture sert à se déplacer d'un endroit à un autre. Toutes les voitures ont un **moteur**. Le moteur brûle du **carburant**, ce qui produit de l'énergie et fait tourner les roues.

coffre

Le **coffre**, qui se trouve à l'arrière de la voiture, permet de transporter des choses.

Le moteur d'une voiture est une machine complexe composée de centaines de pièces mobiles. Les pièces sont huilées, ce qui facilite leurs mouvements.

capot

Dans la plupart des voitures, le moteur se trouve à l'avant, sous le **capot**.

Les **voitures** de tous les jours

Il existe des voitures de toutes sortes. Les petites voitures, ou voitures **compactes**, sont idéales pour les courts trajets. Les gens d'affaires qui parcourent de longues distances préfèrent conduire de plus grosses voitures munies d'un moteur plus puissant.

Une voiture comme celle-ci pourrait convenir à une famille avec deux jeunes enfants.

Toutes les voitures ont besoin de carburant. Plus une voiture est grosse, plus elle en consomme.

Cette voiture **hybride** est propulsée à la fois par un moteur électrique et un moteur à essence, ce qui permet d'économiser du carburant.

Les **voitures** sport

Les voitures sport sont conçues pour être agréables à conduire. Elles sont petites, légères, faciles à manœuvrer... et rapides!

Le toit de certaines voitures sport peut être replié ou totalement retiré par beau temps. Ce type de voiture est appelée décapotable.

Grâce à sa silhouette basse et allongée, cette voiture fend l'air plus facilement, ce qui lui permet d'aller plus vite.

La Corvette de Chevrolet compte parmi les voitures sport qui possèdent le plus gros moteur.

Les super voitures

Les super voitures sont les voitures sport les plus puissantes qu'on peut retrouver sur la route. Leur moteur est parfois si gros qu'il équivaut à deux moteurs de voitures ordinaires!

prise d'air

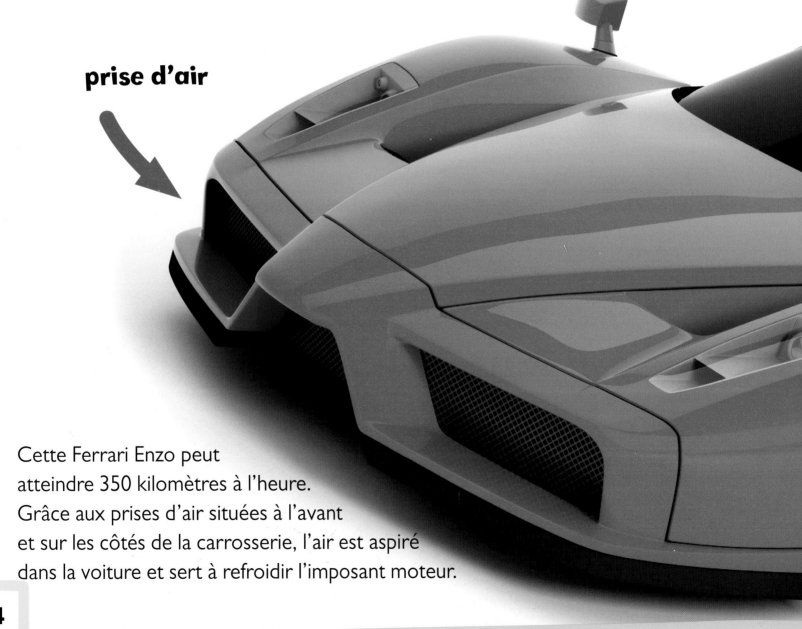

Cette Ferrari Enzo peut atteindre 350 kilomètres à l'heure. Grâce aux prises d'air situées à l'avant et sur les côtés de la carrosserie, l'air est aspiré dans la voiture et sert à refroidir l'imposant moteur.

La Maserati MC12 s'inspire d'une voiture de course. Son moteur se trouve derrière le conducteur, ce qui permet de répartir le poids.

Les fabricants de super voitures visent à créer la meilleure voiture, à n'importe quel prix. Il n'existe que quelques exemplaires de ces voitures épatantes.

Sur la piste de course

La course automobile est l'un des sports les plus **populaires** et les plus exaltants. Des courses sont organisées pour différents types de voitures. Pour les voitures de course, bien sûr, mais aussi pour les voitures sport et même pour les voitures familiales.

Ces voitures NASCAR ressemblent par leur forme à des voitures ordinaires, mais chacune d'elles est en fait un bolide fabriqué à la main pouvant atteindre 320 kilomètres à l'heure.

Le champion britannique, Lewis Hamilton, au volant d'une Formule 1.

Les voitures de course de Formule 1 ne comptent qu'une seule place. Elles sont deux fois plus légères qu'une voiture familiale, mais aussi dix fois plus puissantes — de vraies fusées!

En ville!

Les microvoitures, qui servent surtout à faire de courts déplacements, n'ont pas besoin d'être grosses ni puissantes. À vrai dire, plus elles sont petites, plus elles sont pratiques!

Malgré sa petite taille, la Mini peut quand même loger trois **passagers**.

Dans les villes, les petites voitures sont beaucoup plus faciles à garer. Elles peuvent se glisser dans des espaces restreints où de plus grosses voitures ne pourraient pas se faufiler.

Cette microvoiture est si petite qu'elle peut même être garée de côté.

De l'espace en prime

Les voitures familiales et les fourgonnettes polyvalentes peuvent loger plus de passagers que les voitures ordinaires.

Les sièges d'une fourgonnette polyvalente sont plus élevés, ce qui permet au conducteur et aux passagers de mieux voir la route. Les sièges arrière peuvent être repliés facilement, ce qui laisse plus de place pour transporter du matériel.

Cette **mini-fourgonnette** a la taille et la forme qu'il faut pour transporter du matériel médical d'urgence.

Cette fourgonnette spacieuse compte huit places, et il y a encore de l'espace pour les sacs d'épicerie!

Hors des **sentiers** battus

Lorsque la route est trop mauvaise, il faut un VUS (véhicule utilitaire sport).

Grâce à leurs pneus robustes, les VUS peuvent se déplacer facilement sur des terrains accidentés ou marécageux sans s'enliser. Les VUS ont également quatre roues motrices, ce qui leur permet de mieux adhérer à la boue, à la neige et à la glace.

Seul un **4x4** peut se frayer un chemin sur un terrain aussi mou et boueux que celui-ci!

Ce VUS de marque Hummer ressemble au Humvee, le véhicule de patrouille tout-terrain de l'armée américaine.

pneus robustes à gros sillons

Les voitures de luxe

Pour voyager dans le plus grand confort, rien de mieux qu'une limousine!

Les limousines servent principalement à transporter des personnes importantes, comme les présidents ou les rois et les reines. Il peut également être amusant d'en louer une pour une occasion spéciale, comme un mariage.

Le président des États-Unis voyage dans cette Cadillac spécialement adaptée. Pour assurer une meilleure protection, ce véhicule a une **carrosserie blindée** et des vitres anti-balles.

Les voitures de luxe extra-longues sont appelées « limousines allongées ». Les limousines allongées les plus longues comptent cinq portes de chaque côté et peuvent loger jusqu'à dix passagers!

Rolls-Royce est un fabricant très connu de voitures de luxe.

Activités

- De quelles sortes de voitures s'agit-il?

- Dessine la voiture de ton choix et invente une histoire à son sujet. De quelle sorte de voiture s'agit-il? Où permet-elle d'aller et pourquoi? Qui transporte-t-elle?

- En feuilletant des magazines et des bandes dessinées, essaie de trouver des images illustrant différents types de voitures. Combien de sortes de voitures peux-tu trouver?

- Si tu devais te promener sur une route boueuse, utiliserais-tu une voiture sport ou un VUS? Quelle voiture choisirais-tu et pourquoi?

- Laquelle de ces voitures est conduite par un pilote de course?

Les trains

Qu'est-ce qu'un train?

Les trains servent à transporter des passagers d'un lieu à un autre. Ils servent aussi à transporter des **marchandises,** comme des voitures ou du charbon. Un train circule sur une voie ferrée.

Certains trains transportent des passagers d'une ville à une autre.

Le conducteur prend place dans la locomotive, qui se trouve à l'avant du train. C'est lui qui met le train en marche et l'arrête.

Les voyages en train

Les trains peuvent circuler partout où il y a une voie ferrée. Ils peuvent gravir des montagnes et filer dans le désert. Ils peuvent également franchir des cours d'eau sur des ponts et circuler sous l'eau dans des **tunnels**.

Certains trajets en train permettent de contempler de magnifiques paysages.

En Suisse, les trains circulent entre les montagnes enneigées.

À certains endroits où les montagnes sont trop hautes ou trop escarpées, des tunnels ont été creusés dans les montagnes afin d'y faire passer les trains.

Les trains à vapeur

Les premiers trains fonctionnaient à la **vapeur**. Les trains à vapeur sont dotés d'énormes **chaudières** dans lesquelles on alimente un feu ardent. Le feu chauffe l'eau qui se transforme en vapeur. C'est cette vapeur qui fait fonctionner le moteur.

Certains trains à vapeur sont encore en service de nos jours. Ce train transporte des **touristes**, le long de la côte de la Namibie, en Afrique.

La chaudière se trouve à l'avant du train. Des hommes alimentent la chaudière de charbon pendant tout le trajet pour que le train continue d'avancer.

L'entretien d'un feu est un travail très salissant… et qui donne chaud!

Les trains de marchandises

Les trains de **fret** ou de **marchandises** servent à transporter différents **chargements** d'un endroit à un autre. Le train de fret est un moyen rapide et peu coûteux de transporter des charges lourdes et volumineuses.

Dans ses nombreux wagons, ce train transporte de lourdes charges d'un bout à l'autre du pays. As-tu remarqué comme il est long?

Les trains de marchandises peuvent transporter toutes sortes de produits, comme des légumes, des meubles et des briques. Ils parcourent habituellement de longues distances.

Ce train de marchandises transporte des voitures neuves jusqu'au concessionnaire d'automobiles.

Les **trains** quotidiens

Certains trains servent à transporter les travailleurs jusqu'à leur travail le matin et à les ramener chez eux à la fin de la journée. Ces trains sont appelés **trains de banlieue**. Ils peuvent être bondés aux **heures de pointe**. Parfois, il n'y a pas assez de sièges pour tout le monde.

Dans plusieurs grandes villes, les passagers se rendent au travail ou à l'école dans des trains souterrains.

Les **trains** aériens

Certains trains semblent voler dans le ciel. Ce sont les trains aériens. Ces trains circulent sur des rails surélevés, construits sur des viaducs. Ils sont très utiles dans les zones urbaines où il y a beaucoup de monde.

On trouve des trains aériens dans de nombreux aéroports et **parcs d'attractions**. Ils permettent aux passagers de se déplacer rapidement sur de courtes distances.

Le train aérien de Détroit, au Michigan, n'a pas besoin de conducteur. Il est contrôlé par ordinateur.

Ce train aérien est appelé le Maglev. Il n'a pas de roues; il se déplace à l'aide d'**aimants**.

Un cours d'eau? Pas de problème!

Comme les trains sont lourds, les ponts qu'ils empruntent doivent être très solides.

On construit des ponts imposants au-dessus des lacs et des rivières pour que les trains puissent passer. Certains ponts contiennent à la fois une route et une voie ferrée. Les voitures et les trains peuvent donc y circuler en même temps.

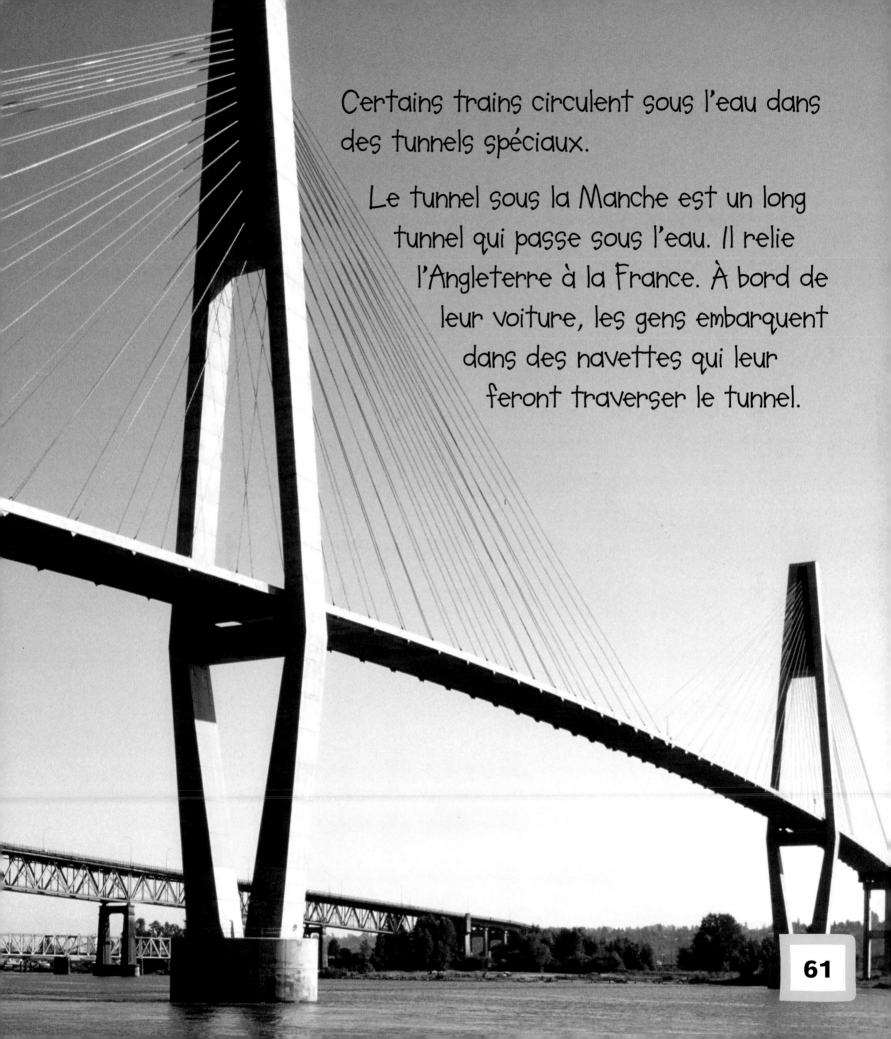

Certains trains circulent sous l'eau dans des tunnels spéciaux.

Le tunnel sous la Manche est un long tunnel qui passe sous l'eau. Il relie l'Angleterre à la France. À bord de leur voiture, les gens embarquent dans des navettes qui leur feront traverser le tunnel.

Les trains à grande vitesse

Certains trains permettent de transporter des passagers très rapidement sur de longues distances. Ce sont les trains express. Ils ne font que quelques arrêts et atteignent des vitesses impressionnantes.

Ce train à suspension pour virages est extrêmement rapide.

Certains trains ont été conçus pour pouvoir s'**incliner** légèrement au moment de tourner. Ainsi, ils n'ont pas besoin de ralentir dans les **courbes**.

Certains trains sont munis de grandes fenêtres et même d'un toit vitré. Les passagers peuvent donc admirer le paysage pendant le trajet!

Les voitures-lits

Certains trains de passagers couvrent de longues distances et circulent pendant la nuit. Ces trains comportent des wagons spéciaux appelés **voitures-lits**. Les passagers peuvent y dormir et même prendre une douche le matin!

À bord de ces trains, on trouve également un restaurant où les passagers peuvent manger.

Certains voyages en train durent parfois plusieurs jours. Il est donc important que les lits soient confortables.

Activités

- Découpe des photos de trains dans des magazines. Regroupe-les sur les pages d'un cahier ou sur le mur en les classant par catégories, par exemple les trains de passagers, les trains à vapeur ou les trains qui traversent un pont.

- Regarde ce train. Penses-tu qu'il s'agit d'un train à vapeur? Pourquoi?

- Écris une histoire au sujet d'un train. De quelle sorte de train s'agit-il? Où va-t-il? Que transporte-t-il? Qu'arrive-t-il pendant le voyage?

- As-tu déjà pris le train? Où allais-tu? Avec qui étais-tu? As-tu aimé le voyage? Le train allait-il vite ou lentement? Y avait-il beaucoup de monde ou non? Fais un dessin qui te représente à bord du train.

- Regarde ces trois images. Laquelle montre une voie ferrée?

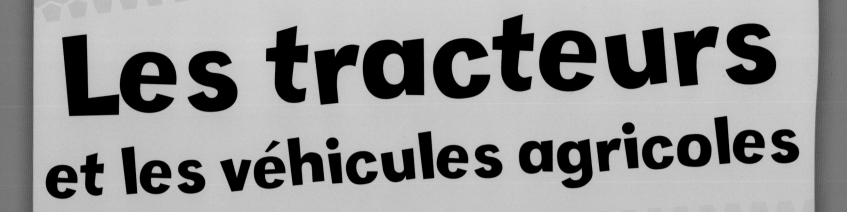

Les tracteurs
et les véhicules agricoles

Qu'est-ce qu'un **tracteur**?

cabine

La cabine du tracteur est vitrée, ce qui permet au conducteur de voir tout autour de lui.

Ce tracteur tire une lourde remorque dans un champ.

Les tracteurs sont de grosses machines surtout utilisées à la ferme. Les agriculteurs s'en servent pour préparer la terre, planter les semis, entretenir les cultures et faire les **récoltes**.

Le conducteur s'assoit dans la **cabine** du tracteur. Le tracteur peut tirer d'autres machines servant à accomplir différentes tâches.

Quelles **roues!**

Le tracteur a d'énormes roues qui lui permettent de circuler sur un terrain inégal. Ses grosses roues l'empêchent également de s'embourber.

Certains tracteurs ont deux ou même trois séries de roues de chaque côté.

Les roues du tracteur sont conçues pour adhérer au sol mou et boueux.

La préparation des champs

Pour labourer la terre avant de faire des **cultures**, les agriculteurs attachent une **charrue** à l'arrière de leur tracteur.

La charrue consiste en une longue rangée de lames de métal. Ces lames tournent lorsqu'elles sont tirées par le tracteur et ainsi retournent la terre.

Les **lames** tranchantes de la charrue entrent dans la terre. Le tracteur tire la charrue dans les champs, et les lames de la charrue hachent la terre et la retournent. La charrue trace des **sillons** dans les champs.

Le temps des semailles

Après avoir préparé leurs champs, les agriculteurs plantent ou sèment des graines. Ils utilisent un semoir. Le semoir est un contenant ou une série de contenants remplis de graines qui se trouve à l'arrière du tracteur.

Ce semoir est rempli de graines de maïs.

À mesure que le tracteur tire le semoir à grains dans les champs, les graines sont déposées dans les sillons creusés dans le sol.

Le semoir sème les graines en rangs bien droits.

L'entretien des cultures

Dès qu'elles commencent à pousser, il faut prendre soin des nouvelles cultures. Certains agriculteurs arrosent leurs cultures avec un liquide spécial. Ce liquide empêche les insectes de manger les plants. Il empêche également les mauvaises herbes de pousser.

Certains agriculteurs ne vaporisent pas de produits sur leurs cultures. Ce sont des travailleurs qui, tirés par une machine, enlèvent les mauvaises herbes à la main.

Une machine appelée épandeur peut être fixée à l'arrière du tracteur. À mesure que le tracteur avance dans le champ, l'épandeur répand un liquide sur les cultures.

Un épandeur a de longs bras qui dépassent de chaque côté du tracteur. Le liquide jaillit par de petits trous percés dans ces bras.

Le temps des récoltes

Lorsque ce qui a été planté a fini de pousser, il faut faire la récolte. On utilise différentes machines pour récolter différents produits. Les récolteuses déterrent les légumes qui poussent sous la terre.

Le tracteur vert tire une machine qui récolte des pommes de terre.

Les récolteuses arrachent les légumes qui poussent dans la terre. Les légumes sont ensuite chargés dans un camion.

Certaines récolteuses peuvent ramasser deux rangs de carottes en même temps.

La récolte du blé

Lorsqu'ils sont bien **mûrs**, les épis de blé sont prêts
à être récoltés. C'est avec une moissonneuse-batteuse
que l'on récolte le blé. À l'avant de cette machine
se trouvent des lames tranchantes
qui tournent sur elles-mêmes.

Pour faire la récolte
dans les grands champs
de blé, il faut plusieurs
moissonneuses-batteuses.

En tournant, les lames de la moissonneuse-
batteuse coupent les longues tiges.

Le blé est aspiré dans la moissonneuse-
batteuse, puis, à l'intérieur de la machine,
les **grains** de blé sont séparés des tiges.

Les bottes de paille

Lorsque le blé est récolté, les tiges coupées qui sont laissées dans les champs s'appellent de la paille. On utilise une machine spéciale, appelée ramasseuse-presse, pour couper la paille et en faire des **bottes** rondes ou carrées.

La ramasseuse-presse fait des bottes de paille bien serrées, puis les dépose dans le champ.

New Holland

BR560

Un tracteur charge les bottes de paille sur une remorque. Les bottes sont ensuite transportées jusqu'à l'endroit où elles seront entreposées.

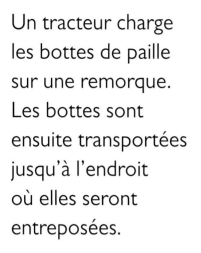

La paille sert à nourrir les animaux de ferme. Pendant l'hiver, elle sert également de litière.

À vos marques! Prêts? Tirez!

Les tracteurs peuvent servir pour le travail, mais aussi pour le plaisir! Les concours de tir de tracteurs sont excitants. Les spectateurs sont curieux de voir quel tracteur réussira à tirer la charge la plus lourde.

Les concours se déroulent sur un terrain spécial. Les tracteurs ont d'énormes roues arrière qui les empêchent de déraper. Ils tirent de lourdes charges sous les applaudissements de la foule.

Quand un tracteur tire une charge très lourde, ses roues avant se soulèvent parfois!

Activités

- Aimerais-tu être fermier et conduire un gros tracteur? Penses-tu que cela serait amusant ou plutôt difficile? Fais un dessin qui te représente en train de conduire un tracteur.

- Voici deux tracteurs que tu as pu voir dans ce livre. Te rappelles-tu ce que fait chacun d'eux?

- Écris une histoire au sujet d'un tracteur qui s'enfuit de sa ferme. Comment l'histoire commence-t-elle? Qui sont les personnages? Que se passe-t-il à la fin? Peux-tu faire un dessin pour accompagner ton histoire?

- Feuillette le livre encore une fois. Fais une liste des tâches de la ferme et des machines utilisées pour les faire. Combien de machines faut-il? Quelles tâches aimerais-tu le plus faire? Pourquoi?

Les camions de pompiers

et les
véhicules de sauvetage

Au secours!

En cas d'accident ou lorsqu'une personne est en danger, des secouristes spécialement formés se précipitent sur les lieux à bord de véhicules d'urgence.

En cas d'urgence routière ou d'accident de la route, la police intervient et aide les victimes.

Les camions de pompiers, les ambulances, les voitures de police, les bateaux de sauvetage et les hélicoptères de sauvetage sont tous des véhicules d'urgence. La plupart des voitures et des camions d'urgence sont munis d'une **sirène** et de feux clignotants. Ces signaux servent à indiquer aux autres véhicules qu'il faut laisser la voie libre.

Au feu! Au feu!

Les camions de pompiers arrivent très vite pour éteindre le feu. Ces camions sont équipés de réservoirs d'eau et de tuyaux que les pompiers utilisent pour arroser le feu. Ils sont également munis de longues échelles qui servent à secourir les gens coincés aux étages. Les pompiers portent des uniformes spéciaux et des casques pour se protéger de la fumée et de la chaleur des flammes.

Les pompiers placent des stabilisateurs de chaque côté du camion pour l'empêcher de basculer lorsqu'ils utilisent l'échelle.

Les échelles des camions de pompiers peuvent pivoter dans toutes les directions pour faciliter le sauvetage des personnes prisonnières des flammes.

Les feux de forêt

Dans certains pays, des feux de forêt se déclarent lorsque le temps est très chaud et sec. On utilise des avions et des hélicoptères spéciaux pour éteindre ces feux. Chaque appareil transporte un réservoir rempli d'eau. Le **pilote** peut ouvrir le réservoir à l'aide de manettes spéciales.

Cet hélicoptère Firehawk largue de l'eau sur une forêt en flammes.

On utilise également les hélicoptères pour secourir des gens ou des animaux dans des lieux difficiles d'accès. Cet hélicoptère de sauvetage en montagne transporte un chien en lieu sûr.

Accidents à l'aéroport

Il faut un équipement spécial pour combattre les incendies dans les aéroports. Pourquoi? Parce que les avions sont de très gros véhicules, et aussi parce qu'il y a souvent des centaines de voyageurs dans l'aéroport et à bord des avions.

Les camions de pompiers d'aéroport peuvent éteindre un incendie qui éclate à bord d'un avion et secourir les passagers coincés dans l'appareil.

Ce camion de pompiers d'aéroport est équipé de phares spéciaux qui permettent au conducteur de voir à travers une fumée épaisse.

Le bateau-pompe

Chaque jour, des centaines de personnes passent par le **port** de New York, aux États-Unis. Si un incendie se déclare, le service d'incendie de New York envoie un bateau spécial appelé le Firefighter (ce qui signifie « pompier »).

Ce bateau est équipé de tuyaux ultra-longs et d'énormes réservoirs d'eau. L'équipage peut éteindre rapidement les incendies et les empêcher de s'étendre.

Les bateaux-pompes peuvent projeter de grandes quantités d'eau sur le feu. Ils peuvent également secourir les gens et récupérer des marchandises.

On trouve aussi des bateaux-pompes dans d'autres ports. Ils servent à éteindre les incendies à bord des navires et à secourir les passagers.

Les **sauvetages** en mer

On se sert de bateaux de sauvetage et d'hélicoptères pour secourir les baigneurs ou les passagers de navires qui se retrouvent en difficulté en mer. Si les eaux sont relativement calmes, on envoie des bateaux de sauvetage à la rescousse.

Un hélicoptère vient porter secours aux passagers d'un bateau en train de couler.

Si la mer est trop agitée pour envoyer des bateaux de sauvetage, on utilise des hélicoptères pour secourir les naufragés en les hissant à bord de l'appareil.

Envoyez vite une ambulance!

Lorsqu'une personne est grièvement **blessée** ou a un malaise, on appelle une ambulance. L'ambulance actionne ses feux clignotants et sa sirène stridente et se précipite pour venir en aide à la victime ou la transporter à l'hôpital.

Dans l'ambulance, il y a une civière, de l'équipement médical et des sièges où les **ambulanciers** peuvent s'asseoir.

Un hélicoptère-
ambulance est
parfois utilisé
quand l'endroit où
se trouve la victime
est difficile d'accès.

Les ambulanciers
ont été formés
pour s'occuper
des malades ou
des blessés
pendant leur
transport en
ambulance.

La police à la rescousse!

Souvent, les voitures de police doivent se rendre d'urgence sur le lieu d'un crime ou d'un accident. C'est pourquoi les policiers sont formés pour conduire à haute vitesse sur des routes et des autoroutes bondées.

Les voitures de police sont équipées d'ordinateurs dont les agents se servent pour obtenir certains renseignements, par exemple, vérifier si une voiture a été volée.

Les policiers utilisent parfois un hélicoptère pour poursuivre les automobilistes qui roulent trop vite ou les **criminels** qui tentent de s'enfuir.

Les patrouilles à moto

Dans les grandes villes, certains policiers se servent de motos pour se rendre rapidement sur les lieux d'un accident ou pour prendre en chasse des criminels dans les rues bondées.

Parfois, des policiers à moto escortent des convois de voitures qui transportent des personnes importantes pour assurer leur sécurité.

Les policiers à moto portent toujours un casque. Ils ont reçu une formation spéciale pour conduire leur moto.

Activités

- Commence ta propre collection d'images de véhicules d'urgence. Regroupe les images par catégorie : ambulances, camions de pompiers, voitures de police et ainsi de suite. Quels véhicules préfères-tu? Pourquoi?

- Sais-tu à quoi servent les véhicules d'urgence que tu vois sur chaque image?

- Sur une grande feuille, dessine ton véhicule d'urgence préféré. Puis, imagine que tu reçois un appel téléphonique. Il y a eu un accident. Vite, tu dois te rendre sur place! Écris une histoire qui raconte ce qui se passe ensuite.

- Lequel de ces véhicules est conduit par un agent de police?

Les camions à benne

et autres grosses machines

Qu'est-ce qu'un camion à benne?

Les **camions** à benne, les excavatrices, les chargeuses et les bulldozers sont tous utilisés pour les travaux de **construction**. Ces grosses machines servent à construire des routes, des ponts, des tunnels et de grands édifices.

Certains de ces véhicules transportent des matériaux de construction. D'autres sont équipés d'outils pour creuser, soulever et pousser.

Ces deux excavatrices sont transportées jusqu'au chantier sur la plateforme d'un transporteur.

L'énorme benne de ce camion peut contenir jusqu'à 150 tonnes de terre et de gravats.

Les **excavatrices**

Les excavatrices sont des machines qui servent à creuser le sol. Leur gros **godet** de métal s'enfonce dans le sol pour ramasser la terre.

godet excavateur

En une journée, la plus grosse excavatrice du monde peut creuser un trou de 18 mètres de profondeur!

Les grosses dents de métal au bout du godet excavateur défoncent la terre.

Cet engin est appelé « **chargeuse-pelleteuse** ». Son bras excavateur est placé à l'arrière. Les pattes l'empêchent de basculer.

cabine du conducteur

Certaines excavatrices ont des chenilles plutôt que des roues. Les **chenilles** répartissent le poids de l'excavatrice et l'empêchent de s'enfoncer dans le sol mou.

chenilles

Les camions

Avant d'entreprendre des travaux sur un **chantier de construction**, il faut parfois déplacer beaucoup de terre et de pierres. Les camions à benne sont parfaits pour faire ce travail!

Ces gros camions peuvent également transporter du sable, du gravier, des briques ou d'autres matériaux de construction jusqu'au chantier.

La benne de ce camion bascule vers l'arrière pour décharger son contenu sur le sol.

Les **camions** à benne

Certains font partie des camions les plus gros du monde. Dans les **mines**, ils sont utilisés pour transporter de la terre et des roches.

Les camions à benne ont des roues gigantesques. Elles sont trois fois plus grandes que toi!

Ce camion à benne déverse son chargement vers l'arrière. Grâce à ce système de bascule, les ouvriers n'ont pas besoin de vider la benne à la pelle.

Des camions à benne plus petits sont utilisés sur les chantiers de construction. Le conducteur fait également basculer la benne pour la vider de son contenu.

Les chargeuses

Il faudrait beaucoup de temps pour remplir un camion à benne à la main! Pour aller plus vite, on utilise une machine appelée « chargeuse ».

Les petites chargeuses sont pratiques pour travailler là où l'espace est restreint.

La chargeuse est équipée d'une large pelle qui ramasse la terre. Ensuite, le conducteur soulève la pelle et la vide dans un camion.

En plus de remplir des camions, la grosse pelle de la chargeuse peut servir à déplacer de la terre et des pierres sur le sol comme le fait le bulldozer.

Les bétonnières

Sur les chantiers de construction, on a besoin de beaucoup de **béton**. Le béton est fait d'un mélange de sable, de roches, de ciment et d'eau. Une fois coulé, ce mélange liquide devient aussi dur que la roche.

cuve

La cuve d'un camion malaxeur contient 20 tonnes de béton, soit le poids de 12 voitures moyennes!

Le béton est amené jusqu'au chantier de construction par un camion malaxeur. Le béton est transporté à l'intérieur d'une grosse cuve, qui tourne sans cesse pour l'empêcher de durcir.

goulotte

Pour vider la cuve du camion malaxeur, on fait couler le béton par la goulotte qui se trouve à l'arrière du véhicule.

Les bulldozers

Les bulldozers sont de grosses machines puissantes qui servent à déplacer la terre et la pierre. La lame fixée à l'avant racle le sol et repousse les débris.

lame

On utilise les bulldozers pour déblayer un terrain avant de commencer des travaux de construction. Les bulldozers peuvent niveler très rapidement de grandes surfaces.

Avec ses chenilles, le bulldozer a une meilleure prise sur le sol, ce qui lui donne plus de force.

chenilles

Les grues sur porteur

Lorsqu'on construit un grand édifice, il faut souvent soulever bien haut des matériaux très lourds.

La **flèche** demeure abaissée lorsque la grue est en mouvement.

flèche

Sur les grands chantiers de construction, les hautes grues sont constamment en mouvement. Pour les plus petits chantiers, des grues **mobiles** sont apportées si nécessaire.

La grue est équipée de pattes solides appelées « **stabilisateurs** » qui l'empêchent de basculer.

stabilisateur

Les engins de voirie

Avant de construire une route, il faut d'abord aplanir le sol. On utilise des bulldozers et des machines appelées décapeuses et niveleuses pour égaliser le terrain.

La niveleuse est équipée d'une lame qui racle le sol pour faire disparaître les bosses.

Ensuite, des machines appelées « épandeuses » ou « finisseuses » font les travaux d'asphaltage.

L'épandeuse étend sur la route un mélange de pierres et de **goudron** chaud et gluant qui servira de revêtement.

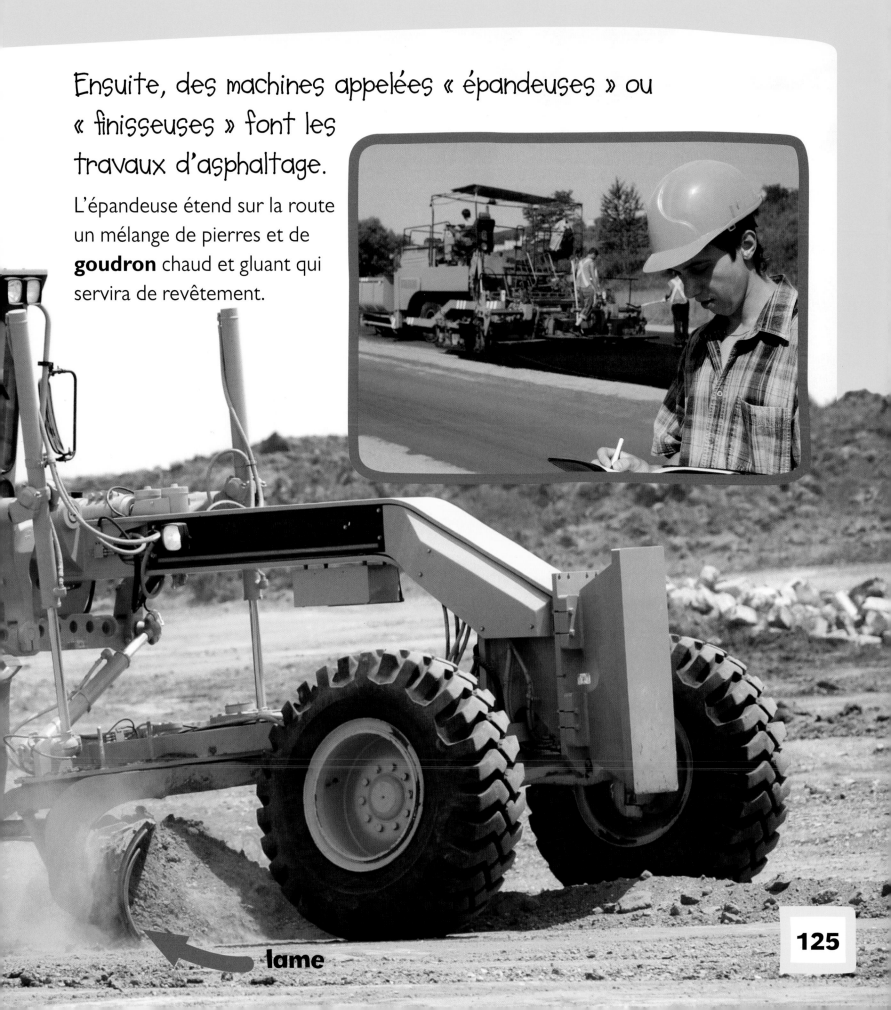

lame

Les tunneliers

Si une route ou une voie ferrée doit franchir une rivière ou une montagne, la méthode la plus rapide consiste souvent à creuser un tunnel.

Les tunneliers sont de grosses machines qui servent à creuser de longs tunnels souterrains. Ils ressemblent à de gigantesques vers de métal qui grugent le roc et se fraient un chemin sous terre.

Un tunnelier peut creuser chaque jour 20 mètres de tunnel.

L'énorme tête de forage de ce tunnelier tourne sur elle-même et broie le roc et la terre.

tête de forage

Les trains routiers

De longs camions, appelés « **trains routiers** », transportent des chargements sur de très longues distances. Certains camionneurs passent des mois sur la route. Leur camion est donc équipé d'un lit, de toilettes, d'un réfrigérateur, et même d'une télévision.

Le train routier tire d'énormes remorques,
qui mesurent chacune jusqu'à l'équivalent
d'une file de dix voitures.

Chaque remorque est montée
sur plusieurs ensembles de
grosses roues.

Les grumiers

Le grumier est un camion qui sert à transporter les grumes (les troncs d'arbres) jusqu'à la **scierie**.

Les grumes sont empilées sur la longue remorque qui se trouve derrière la cabine du grumier.

Les grumiers parcourent souvent de longues distances avant d'arriver à la scierie.

Activités

- Voici deux engins utilisés sur les chantiers de construction. Te rappelles-tu à quoi ils servent?

- Si tu devais construire une maison, de quel genre de machine aurais-tu besoin? Pourquoi?

- Dessine ton engin de construction préféré. De quelle sorte d'engin s'agit-il? De quelle couleur est-il? Où est-il utilisé? Que fait-il? Qui le conduit?

- Laquelle de ces photos montre une excavatrice?

Les camions monstres

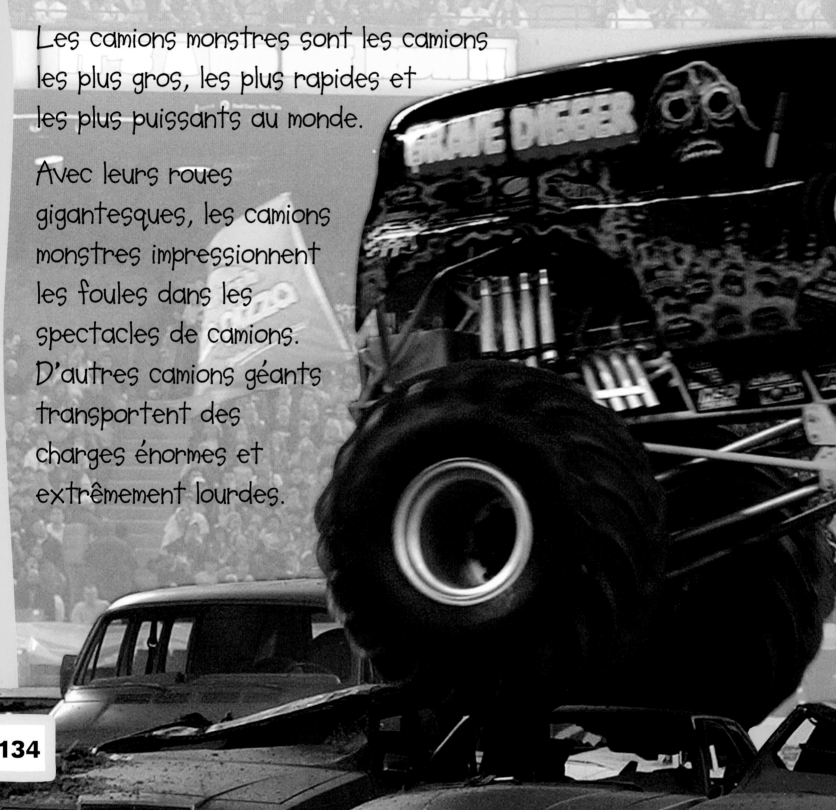

Qu'est-ce qu'un camion monstre?

Les camions monstres sont les camions les plus gros, les plus rapides et les plus puissants au monde.

Avec leurs roues gigantesques, les camions monstres impressionnent les foules dans les spectacles de camions. D'autres camions géants transportent des charges énormes et extrêmement lourdes.

Lorsqu'une énorme charge doit être transportée sur la route, seul un camion géant peut faire le travail.

Les pneus des camions monstres sont souvent aussi gros qu'une voiture de taille normale!

pneu

Les camions monstres Bigfoot

Le premier camion monstre qui a été fabriqué était le Bigfoot 1. Il a été construit en 1975 à partir d'une **camionnette** ordinaire, à laquelle on a ajouté des pièces et roues spéciales pour la rendre plus haute et plus puissante.

Après le Bigfoot 1, beaucoup d'autres camions monstres Bigfoot ont été construits.

Les roues des Bigfoot sont si énormes qu'un enfant peut facilement se tenir debout à l'intérieur!

Le Bigfoot Fastrax se distingue des autres Bigfoot : il a des chenilles de char d'assaut à la place des roues.

Les écraseurs de voitures

Les épreuves d'écrasement de voitures sont très populaires. Les camions monstres roulent sur des voitures destinées à la ferraille et les écrasent complètement.

Les camions monstres sont si lourds et ont des roues si puissantes qu'ils écrasent les voitures en un rien de temps.

Pour que ces épreuves soient sans danger, on enlève d'abord la **batterie** et les vitres des voitures et on vide leur réservoir à essence. Les conducteurs des camions doivent porter un casque de protection et une combinaison à l'épreuve du feu.

Aimerais-tu faire une « promenade » avec ce champion écraseur de voitures?

Les camions monstres de course

Les courses de camions monstres ont lieu dans des **stades**, sur des pistes de course ou sur des routes fermées à la circulation. Dans les courses de côte, les camions doivent monter un sentier jusqu'au sommet d'une colline.

Les camions qui participent à ces courses ne sont pas tous géants. Certains sont des camions ordinaires. D'autres sont conçus spécialement pour les courses sur **pistes**.

Ce puissant camion de course monte la côte en faisant ronfler son moteur.

De nombreux spectateurs remplissent les stades pour voir leurs camions favoris participer aux courses et aux autres épreuves.

Les acrobaties et les cascades

Les spectacles de camions monstres comportent une partie **style libre** pendant laquelle les conducteurs font des acrobaties et des cascades épatantes avec leur camion.

La foule aime voir les camions sauter dans les airs, prendre des rampes, rouler sans que leurs roues avant ne touchent le sol et tourner sur eux-mêmes!

Le toit d'un camion monstre doit être solide pour protéger le conducteur en cas de capotage.

Un camion monstre bondit dans les airs pendant une compétition de style libre.

LUCAS OIL

Les camions monstres vedettes

Les camions monstres les plus connus sont des superstars. Chacun a un nom et est décoré d'une façon spéciale.

Le camion Jurassic Attack est peint de façon à ressembler à une tête de dinosaure.

Les partisans encouragent leur camion préféré pendant les différentes épreuves.

Avec ses muscles bombés, le camion Samson ne semble pas vouloir plaisanter!

145

Les **colosses** de la route

Si les camions monstres et les écraseurs de voitures divertissent les foules, les camions géants, eux, travaillent dur. Ils tirent les charges les plus grosses, les plus lourdes et les plus longues jamais transportées sur la route.

La partie avant du camion est appelée tracteur. Le tracteur tire la remorque sur laquelle se trouve la charge.

As-tu déjà vu une maison entière se déplaçant sur la route?

Cette énorme remorque transporte des pièces d'un Airbus A380, le plus gros avion jamais construit!

tracteur

remorque

Les camions des mines

Les plus gros camions du monde sont des camions à benne. Ils servent à transporter de gros morceaux de roc extraits de la terre. Le roc contient souvent des métaux précieux, comme le cuivre.

Ces camions ne quittent jamais la mine, parce qu'ils sont beaucoup trop gros pour circuler sur des routes normales.

Les plus gros camions à benne sont si énormes que leur conducteur doit grimper à une échelle pour atteindre la cabine.

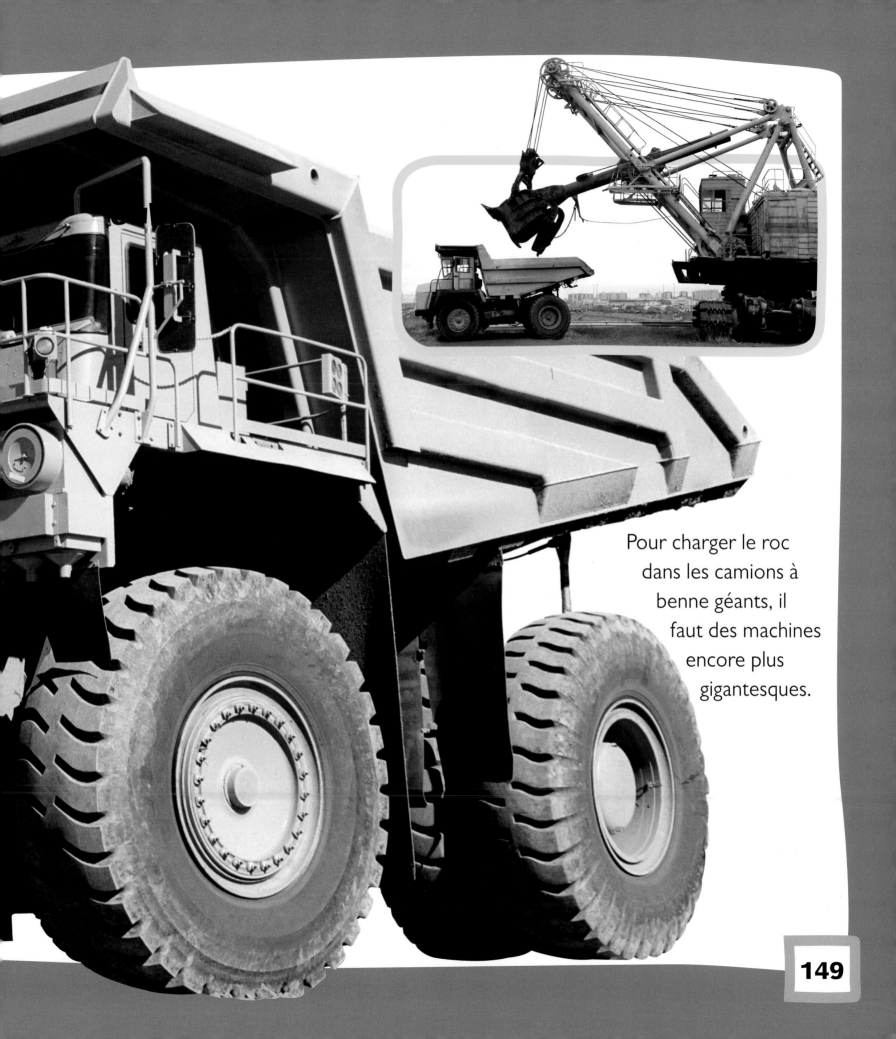

Pour charger le roc dans les camions à benne géants, il faut des machines encore plus gigantesques.

Les géants de la NASA

La NASA, l'agence spatiale américaine, possède deux véhicules géants qui servent à transporter l'énorme navette spatiale jusqu'à la **plateforme de lancement**. Ces deux monstres sont appelés **transporteurs à chenilles**.

chenilles

Chaque transporteur à chenilles est monté sur huit séries de chenilles actionnées par des moteurs électriques.

navette spatiale

Les premiers transporteurs à chenilles ont vu le jour dans les années 1960. À l'époque, ils étaient les plus gros véhicules à chenilles jamais construits.

En raison de leur taille énorme, les transporteurs à chenilles se déplacent à une allure d'escargot. Ce véhicule colossal pèse 2 870 tonnes, et son réservoir contient environ 19 000 litres de carburant.

Activités

- Reconnais-tu le camion Jurassic Attack?

- Dessine ton propre camion monstre avec des roues gigantesques. Trouve-lui un nom, puis décore-le en fonction du nom que tu lui as donné.

- Regarde ces images. Laquelle montre un camion à benne?

- Te rappelles-tu à quoi servent les transporteurs à chenilles géants de la NASA?

Glossaire

4x4 : Véhicule dont le moteur actionne chacune des quatre roues, et pas seulement les deux roues avant ou arrière.

Aimants : Les aimants se servent d'une force invisible qui attire les objets métalliques les uns vers les autres ou les repousse. Cette force est appelée magnétisme.

Ambulanciers : Hommes et femmes qui conduisent l'ambulance et s'occupent des blessés jusqu'à leur arrivée à l'hôpital.

Batterie : Pièce qui fournit l'électricité à une voiture ou à un camion.

Béton : Mélange de sable, de pierres, de ciment et d'eau qui durcit en séchant et sert à la construction d'édifices.

Blessé : Personne qui s'est fait mal.

Bottes de paille : Gros tas de tiges de blé coupées et solidement attachées ensemble.

Cabine : Endroit où s'assoit le conducteur et où se trouvent les manettes permettant de manœuvrer le tracteur.

Camion : Gros véhicule routier ou de construction servant à transporter de lourdes charges.

Camionnette : Camion léger dont les côtés sont peu élevés.

Capot : Partie de la carrosserie d'une voiture qui se trouve à l'avant et protège le moteur.

Carburant : Liquide brûlé à l'intérieur du moteur pour faire avancer un véhicule. La plupart des moteurs de voiture fonctionnent à l'essence ou au diesel.

Carrosserie blindée : Carrosserie renforcée pour offrir une protection contre les balles ou les missiles.

Chantier de construction : Terrain où on construit des immeubles, comme des maisons ou des bureaux.

Chargements : Grande quantité d'articles transportés d'un lieu à un autre.

Chargeuse-pelleteuse : Excavatrice qui creuse la terre avec un godet.

Charrue : Machine servant à creuser et à préparer la terre avant la plantation.

Chaudières : Dans un train à vapeur, endroits où on alimente le feu pour produire la vapeur qui actionne le moteur.

Glossaire

Chenilles : Bandes de métal qui remplacent les roues et qui servent à répartir le poids des bulldozers et d'autres engins de construction et à les empêcher de s'enfoncer dans le sol mou.

Chrome : Revêtement brillant dont on recouvre le métal.

Circuit : Piste conçue spécialement pour la course.

Circulation : Voitures, camions, autobus et autres véhicules qui circulent sur les routes.

Coffre : Compartiment situé à l'arrière d'une voiture et servant à transporter des choses.

Compacte : Type de voiture convenant à une petite famille.

Construction : Action de bâtir des édifices.

Courbe : Ligne qui change de direction.

Criminels : Personnes qui ont enfreint la loi, par exemple des voleurs.

Cultures : Plantes que cultivent les fermiers, comme les légumes ou le blé.

Flèche : Partie principale d'une grue, également appelée bras.

Fret : Articles transportés en train d'un lieu à un autre. On dit aussi des marchandises.

Godet : Partie de l'excavatrice qui creuse la terre.

Goudron : Substance épaisse, noire, huileuse et collante servant à recouvrir les routes.

Grains : Partie du blé qui sert à fabriquer la farine et qu'on utilise pour faire du pain.

Heures de pointe : Heures de la journée où la plupart des gens se rendent au travail ou en reviennent.

Hybride : Voiture dont les roues sont actionnées à la fois par un moteur électrique et un moteur à essence, ce qui permet d'économiser du carburant.

Incliner : Pencher sur le côté.

Lames : Pièces de métal plates et tranchantes servant à couper.

Marchandises : Articles comme des vêtements, de la nourriture, des voitures ou des livres. Les marchandises peuvent être transportées par bateau, par avion, par train ou par camion.

Mines : Chantiers où des matériaux comme le charbon ou l'or sont extraits du sol.

Glossaire

Mini-fourgonnette : Fourgonnette qui compte moins de sièges, mais un grand espace à l'arrière permettant de transporter des choses.

Mobile : Qui se déplace ou peut être déplacé d'un endroit à un autre.

Moteur : Machine se trouvant à l'intérieur d'une voiture, qui fournit l'énergie nécessaire pour faire tourner les roues.

Mûr : En parlant d'un légume, d'un fruit ou de céréales, qui a fini de pousser et qu'on peut récolter.

Obstacle : Élément placé sur la route pour ralentir un véhicule.

Parcs d'attractions : Parcs où on peut faire des tours de manège, jouer à des jeux et acheter des souvenirs.

Passagers : Personnes qui voyagent en voiture, en autobus, en train, en bateau ou en avion.

Personnaliser : Modifier un objet ou y ajouter quelque chose selon les besoins du propriétaire.

Pilotes : Personnes qui conduisent des avions et des hélicoptères. Un pilote est aussi le conducteur d'engins automobiles.

Piste : Parcours spécial sur lequel ont lieu des courses.

Plateforme de lancement : Plateforme sur laquelle est installée la fusée avant son décollage.

Pneu : Tube de caoutchouc rempli d'air placé à l'intérieur d'une roue.

Populaire : Apprécié par beaucoup de gens.

Port : Abri au bord de l'eau où les bateaux peuvent être amarrés. C'est là que les bateaux de marchandises sont chargés ou déchargés et que les bateaux de plaisance font monter ou descendre leurs passagers.

Rayons : Fines tiges métalliques qui relient le centre d'une roue de vélo à son bord extérieur.

Récolte : Moment où on coupe et on ramasse les plants qui sont mûrs ou qui ont fini de pousser.

Scierie : Lieu où les grosses grumes sont coupées en morceaux plus petits.

Sentier : Chemin de terre sur lequel roulent les motos tout-terrain.

Sillons : Lignes longues et fines creusées dans le sol par une charrue.

Glossaire

Sirène : Dispositif produisant un bruit très fort dont se servent les véhicules d'urgence lorsqu'ils doivent se déplacer à grande vitesse pour signaler leur présence aux autres automobilistes.

Stabilisateurs : Pièces fixées sur les côtés d'une machine de construction pour la rendre plus stable ou l'empêcher de basculer.

Stade : Terrain de sport entouré de sièges où prennent place les spectateurs pour voir des courses ou d'autres événements.

Style libre : Partie d'un spectacle de camions monstres pendant laquelle les conducteurs font des acrobaties et des cascades.

Suspension : Ensemble de ressorts qui relient les roues d'un véhicule à moteur à la carrosserie et qui servent à amortir les chocs. Les ressorts absorbent les chocs, ce qui évite aux passagers d'être secoués.

Touriste : Personne qui voyage pour le plaisir.

Trains de banlieue : Trains que les gens prennent pour se rendre à leur travail et en revenir.

Trains routiers : Gros camions très longs qui peuvent tirer jusqu'à six remorques.

Transporteur à chenilles : Véhicule à chenilles qui transporte des charges très grosses ou très lourdes.

Tunnels : Passages souterrains pour les trains ou les voitures.

Tuyau d'échappement : Tuyau qui expulse les gaz produits par le moteur d'un véhicule.

Vapeur : Gaz produits par l'eau bouillante.

Véhicule : Machine à moteur qui transporte des gens ou des marchandises.

Vélodrome : Piste de course spécialement conçue pour les courses de vélos.

Vitesses : Roues dentées qui permettent aux pédales de faire tourner les roues d'un vélo à différentes vitesses.

Voiture : Partie d'un train où prennent place les passagers.

Index

Index

Index

Index